BEI GRIN MACHT SICH IHR WISSEN BEZAHLT

- Wir veröffentlichen Ihre Hausarbeit,
  Bachelor- und Masterarbeit

- Ihr eigenes eBook und Buch -
  weltweit in allen wichtigen Shops

- Verdienen Sie an jedem Verkauf

**Jetzt bei www.GRIN.com hochladen
und kostenlos publizieren**

Hans-Jürgen Borchardt

Mit fünf Leitsätzen besser führen

Die Vereinfachung der Unternehmenskommunikation

GRIN Verlag

Bibliografische Information der Deutschen Nationalbibliothek:

Die Deutsche Bibliothek verzeichnet diese Publikation in der Deutschen National-
bibliografie; detaillierte bibliografische Daten sind im Internet über http://dnb.d-
nb.de/ abrufbar.

Impressum:

Copyright © 2012 GRIN Verlag GmbH
Druck und Bindung: Books on Demand GmbH, Norderstedt Germany
ISBN: 978-3-656-46976-6

Dieses Buch bei GRIN:

http://www.grin.com/de/e-book/186944/mit-fuenf-leitsaetzen-besser-fuehren

GRIN - Your knowledge has value

Der GRIN Verlag publiziert seit 1998 wissenschaftliche Arbeiten von Studenten, Hochschullehrern und anderen Akademikern als eBook und gedrucktes Buch. Die Verlagswebsite www.grin.com ist die ideale Plattform zur Veröffentlichung von Hausarbeiten, Abschlussarbeiten, wissenschaftlichen Aufsätzen, Dissertationen und Fachbüchern.

Besuchen Sie uns im Internet:

http://www.grin.com/

http://www.facebook.com/grincom

http://www.twitter.com/grin_com

Mit fünf Leitsätzen besser führen

Einleitung

Kleinunternehmer und Existenzgründer machen sich selten Gedanken über die Ressourcen, die in der Kommunikation liegen. Sie vergessen, dass die Kommunikation ein wichtiges Hilfsmittel zur Führung des Betriebes und der Mitarbeiter ist, denn sie gibt die Regeln für das Verhalten der Mitarbeiter vor. Das gilt für die interne und externe Kommunikation als auch für die verbale und nonverbale Verständigung.

Eine einfache aber sehr effiziente Methode zur Führung des Unternehmens ist der Einsatz von Leitsätzen. Wenn es für die verschiedenen Handlungsfelder Leitsätze gibt, haben alle Beteiligten eine klare und eindeutige Zielvorgabe. Das reduziert die Arbeit, weil die Zielvorgaben beständig sind. Außerdem erleichtert es die Kontrolle, weil immer gefragt werden kann: „Entspricht unser Verhalten und unsere Arbeit unseren Leitsätzen?"

Die Wirksamkeit von Leitsätzen ist abhängig von der Akzeptanz bei den Mitarbeitern. Deshalb ist es von Vorteil, wenn die Mitarbeiter an der Entwicklung und Formulierung der verpflichtenden Leitsätze beteiligt werden. Mitarbeiter, die Leitsätze mit gestalten, können sich mit den darin enthaltenen Vorgaben leichter identifizieren.

Weil die interne Kommunikation das Betriebsklima und die Arbeitsleistungen entscheidend bestimmt, sollten folgende Punkte beachtet werden:

1. Aufgaben und Anweisungen müssen verständlich und eindeutig formuliert werden, damit Missverständnisse vermieden werden. Je mehr Missverständnisse ausgeschaltet werden, desto geringer ist die Fehlerquote.
2. Die Kommunikation muss auf der Basis der gegenseitigen Anerkennung geführt werden. Wird die Anerkennung versagt, kann weder Identifikation noch Motivation entstehen. Das gilt sowohl für den Betrieb als auch für die Arbeit.
3. Das Betriebsklima wird durch die Art und Weise der Kommunikation gesteuert. (Der Ton macht die Musik)

Hinzu kommt, dass die interne Kommunikation das Erscheinungsbild bei den Kunden mit prägt, weil die „Missstimmung" bis zu den Kunden getragen wird. Die Kunden erkennen, dass die Mitarbeiter ihre Arbeit ohne Engagement und Identifikation ausführen. Sie machen das, was getan werden muss, mehr nicht.

Engagierte und motivierte Mitarbeiter wollen, dass die Kunden zufrieden sind. Sie bemühen sich, den Arbeitsablauf und das Ergebnis bestmöglich zu gestalten. Außerdem erzielen sie deutlich höhere Leistungen, wie viele Untersuchungen beweisen.

So wird´s gemacht.
Am Anfang steht die Vision. Die Vision beschreibt, wie Ihre Kunden Sie sehen
sollen. Diese, in die Zukunft gerichtete Zielvorstellung, gibt die Generalrichtung
für die untergeordneten Leitsätze vor. Deshalb ist es sinnvoll, zunächst ein
Prioriäts-Gerüst für die Handlungsfelder zu erstellen, für die Leitsätze zu
erarbeiten sind, z. B.

- Die Vision
- Die Grundhaltung
- Die Zusammenarbeit mit den Kunden
- Die Nachbetreuung
- Die Reklamationen

Beispiel
Vorbemerkung
Leitsätze müssen so formuliert werden, dass jeder in der Lage ist, die Vorgaben
einzuhalten. Es macht keinen Sinn hohe Ziele zu entwickeln, wenn diese nicht
eingehalten werden können.

Der Ablauf im Einzelnen:
   1. Die Vision
In der gemeinsamen Gesprächsrunde über die Frage „Wie wollen wir von unseren
Kunden gesehen werden" einigte man sich auf folgende Formulierung:

*„Die Kunden sollen uns als kompetent und zuverlässig sehen. Die Arbeit und die
Kommunikation werden wir so gestalten, dass sie von uns begeistert sind und
uns empfehlen. "*

   2. Die Grundhaltung
Die Grundhaltung beschreibt das persönliche Verhalten der Mitarbeiter
gegenüber den Kunden. Der Leitsatz dafür könnte so lauten:

*„Wir wissen, dass unser Verhalten das Image und die Akzeptanz „unseres"
Betriebes prägen. Deshalb werden wir den Kontakt und die Kommunikation so
gestalten, dass sie positiv nachwirken. "*

   3. Die Zusammenarbeit mit den Kunden
Kunden fühlen sich als Auftraggeber und sind sich ihrer (Nachfrage-)Macht
bewusst. Sie erwarten, dass ihre Wünsche, die sie mit der Realisierung des
Auftrages verbinden, erfüllt werden. Daher ist es sinnvoll, hier verbindliche
Verhaltensvorgaben zu entwickeln, z. B.:

*„Wir begegnen unseren Kunden auf Augenhöhe, aber machen deutlich, dass wir
den Arbeitsablauf und die Ausführung so gestalten, dass sie begeistert sind.
Das gilt für sämtliche Arbeiten, die bei der Durchführung eines Auftrages
anfallen. "*

   4. Die Nachbetreuung
Die Nachbetreuung beginnt bereits direkt nach dem Abschluss der Arbeit. Dazu
gehört die Frage, ob alles wunschgemäß gemacht wurde, die Gratulation zu der

Neuerung, die Einweisung bei erklärungsbedürftigen Leistungen etc. Deshalb ist es sinnvoll, auch hier verbindliche Vorgaben zu erarbeiten.

„Sobald eine wesentliche Teilleistung oder die Arbeit abgeschlossen ist, fragen wir, ob alles zur Zufriedenheit gemacht wurde bzw. ob es noch offene Wünsche gibt. Gleichzeitig sagen wir, dass wir selbstverständlich zur Verfügung stehen, falls nachträglich irgendwelche Wünsche auftauchen sollten."

5. Die Reklamationen

Reklamationen sind ein unangenehmes Thema, insbesondere dann, wenn sie unberechtigt sind. Das geschieht meistens dann, wenn der Kunde den Preis drücken will. Weil hier die Auseinandersetzung sehr oft emotional wird, sollte es für diese Fälle Grundregeln geben. Damit können Eskalationen und die Abwanderung von Kunden vermieden werden.

Von Ausnahmen abgesehen, sollten Reklamationsgespräche nur vom Inhaber geführt werden. Wenn aber direkt vor Ort bei laufender Arbeit ein Auftraggeber reklamiert, sollte jeder Mitarbeiter wissen, wie er sich zu verhalten hat, damit – so weit wie möglich- Streitigkeiten vermieden werden. Die Verhaltensvorgaben für diesen Fall sind etwas umfangreicher, weil es verschiedene Situationen gibt.

5.1 *„Wird vor Ort zu Recht ein Ausführungsdetail reklamiert, entschuldigen wir uns und sagen sofortige Richtigstellung zu."*

5.2 *„Wird vor Ort zu Unrecht ein Ausführungsdetail oder die Ausführung insgesamt reklamiert, werden wir den Reklamierenden an den Chef verweisen." Eigene Kommentare oder Anmerkungen gibt es nicht.*

5.3 *„Sollte sich die Reklamation des Kunden wider erwarten doch als begründet erweisen, werden wir uns entschuldigen und eine Zusatzleistung anbieten, wenn die Chance besteht, den Kunden zu behalten."*

5.4 *„Reklamationen, die zu einem späteren Zeitpunkt erfolgen, werden grundsätzlich vom Inhaber bearbeitet."*

Mit diesen Leitsätzen haben sämtliche Mitarbeiter verbindliche Verhaltensvorgaben. Das hat den Vorteil, dass eigene Interpretationen oder Fehlverhalten in den entscheidenden Situationen weitgehend ausgeschlossen sind. Voraussetzung ist jedoch, dass diese Regeln für alle und jeden gelten, einschließlich des Chefs. Sobald es Ausnahmen gibt, oder mal „ein Auge zugedrückt wird", will jeder diese Ausnahmeregelung auch für sich in Anspruch nehmen.

Damit die Durchsetzung erfolgreich verläuft, sollten alle Beteiligten bei der Erarbeitung der Leitsätze auch festlegen, was passiert, wenn dagegen verstoßen wird.

Fazit

Wer sich einmal die Mühe macht, zusammen mit den Mitarbeitern, die Leitsätze zu formulieren, schlägt „viele Fliegen auf einen Schlag".

Der Betrieb ist kundenorientiert ausgerichtet
Die Mitarbeiter haben eindeutige Handlungsvorgaben

Es kann sich ein positives Betriebsklima entwickeln
Die Identifikation der Mitarbeiter steigt
Die Arbeitsqualität verbessert sich
Die in den Leitsätzen enthaltenen Vorgaben sind leicht zu kontrollieren.

Hans-Jürgen Borchardt